AF224384

Lk 1760.

NOUVEAU
MEMOIRE D'UN PA-
roissien de Notre-Dame, à l'Avocat de la Paroisse.

IL faut avoüer, Monsieur, que nous sommes bien contents de vous avoir pour Avocat ; Nous ne savions en quel tribunal porter notre affaire, les uns vouloient qu'on ne pût se pourvoir que par apel comme d'abus au Parlement : d'autres préten-doient qu'il s'agissoit d'une cause majeure, laquelle étoit dévoluë au Pape, & devoit être jugée en Fran-ce par des Commissaires agréés par le Roy ; d'au-tres enfin qu'elle devoit être portée au Métropo-litain suivant l'Edit de 1695. vous nous avés tiré d'embaras par le choix que vous avés fait de Mrs. des Requêtes du Palais, & l'assignation nouvelle-ment donnée à Monsieur notre Evêque , nous fait tenir comme assûrés de la réussite ; Nous étions à la verité bien simples de nous faire tant de diffi-cultés, il n'y avoit point d'Ordonnance, ainsi point d'apel comme d'abus ; de cause majeure, notre af-faire n'en étoit visiblement pas une, & le Métropo-litain ne nous eût peut-être pas été favorable, l'ex-pedient que vous nous avés donné est admirable. Peut-on faire naître des questions de competance

A

en matiere Ecclefiaftique quand on peut porter ces fortes de matieres aux Requêtes du Palais ?

La jurifdiction ainfi établie, nous vous prions de reduire notre affaire à trois queftions.

La premiere, fur la validité de la Vifite ;

La feconde, fur la poffibilité du S. Nombril ;

Et la troifiéme, fur la verité de notre poffeffion.

Si vous n'étiés pas d'un efprit fuperieur à tous ceux qui fe mêleront de vous envoier des memoires, je vous prierois de vous défier de ceux qui aiment mieux la conteftation que la Relique ; vous les connoîtrés à leur maniere d'écrire. Ce qu'il y a de certain, c'eft que les gens fages defavoüent hautement les auteurs des impoftures & des invectives ; nous voulons plaider fans paffion, quoi qu'on nous accufe d'en avoir contre notre Evêque ; Ainfi ne faites point attention à la lettre de notre Habitué, c'eft un homme qui mort à tort & à travers, fon genie le rend attentif à tous les differens évenemens de la Ville, & tandis qu'il tient fon Breviaire d'une main, il écrit de l'autre une fatire ou un libel diffamatoire ; Vous pourrés auffi fupprimer les termes durs & peu civils de notre premier memoire qu'on regarde au païs comme la meilleure piece & la plus favante qu'on puiffe faire fur cette matiere ; fi l'autheur n'a pas accufé jufte, on luy pardonnera aifément, car il n'a travaillé que fur des memoires, qui ont pû ne pas être fidels ; il a falu fe fervir de cet Ecrivain moderne mécontent des Puiffances, parce que nous n'en avons point trouvé dans la Paroiffe, qui fe foient voulu charger d'un ouvrage plus long qu'une lettre, (encore voiés-vous que notre Docteur en Droit n'y a pas trop bien réuffi.)

PREMIERE PROPOSITION.

JE vous remarque d'abord au sujet de la Visite de Monsieur de Chaalons, que nous la trouvons absolument nulle de toute nullité ; Premierement parce qu'il n'a pas observé les formalités prescrites par le Concile de Trente. Vous savés de quel poids ce Concile est en France, en ce qui concerne la police & la discipline de l'Eglise ; comment il y a été reçû lors que le Cardinal de Ferrare & les autres Legats l'y ont apporté. Vous savés ce que nous en apprennent tant d'autheurs illustres : ¶ le Sr. Castelnau, Mr. le President de Thou, Mr. l'Avocat general Servin, Mrs. Pasquier, Chenu & Dumoulin : Je vous citte à la verité des autheurs qui semblent contrarier notre proposition, mais c'est afin de les tourner en bonne part, & de choisir quelques Docteurs Ultramontains qui seront absolument pour nous.

La deuxiéme nullité est fondée sur ce qu'il n'y a point eu d'indication ; le fait à la verité n'est pas bien sincere, & si l'on faisoit jurer nos Chanoines, ils pourroient nous porter préjudice ; mais vous soutiendrés que le serment ne doit point être reçû en matiere de cette consequence ; on vous dira que Monsieur de Chaalons a commencé sa Visite le dix Avril, que le dix-neuf du même mois jour de l'enlevement

¶ Memoires de Castelnau, l. 3. page 145.
Mr. de Thou en son histoire, l. 36. page 292. & 293.
Mr. Servin vol. I. Plaid. 1. & 7. vol. IV. Plaid. 5. vol. V. plaid. 3.
Pasquier, l. 3. des Recherches de France.
Chenu, premiere Centurie, quest. 13.
Dumoulin, sur la Requête *de Infirm.* n. 359.

de notre Relique en étoit une continuation, qu'aiant marqué dans les differens jours de sa Visite, que son intention étoit de visiter pareillement notre Relique, on avoit tout preparé; l'Ancien Chanoine chez lequel Mr. de Chaalons devoit descendre, aiant réuni toutes les clefs, sous lesquelles notre Reliquaire étoit gardé, lesquelles jusqu'à lors avoient toujours été en differentes mains : Ce sont faits sur lesquels il faudra passer legerement, interrompre si vous pouvés votre confrere, & soutenir à plaine tête qu'il n'y a point eu d'indication; mais si l'on vous disoit que même il n'étoit point necessaire de faire une nouvelle indication pour la continuation de la Visite, qu'elle n'est demandée par aucun Edit, aucune Declaration, aucune Ordonnance, aucun Arrêt; que cette indication dépend de l'Evêque qui n'ira point de plain saut dans une Eglise pour n'y trouver personne; qu'il indique pour lui, afin qu'on lui rende les honneurs qui lui sont dûs, & afin que ceux qui ont quelque difficulté puissent la venir expliquer; Vous aurés la bonté d'y preparer une réponse.

La troisiéme nullité se tire de ce qu'il n'y a point eu de Procés verbal laissé sur le champ de tout ce qui c'est passé dans la Visite; on aura beau nous dire que l'Evêque n'y est point obligé, qu'il dresse son Procés verbal en même tems que son Ordonnance aprés une meure déliberation, qu'on voit differens Procés verbaux de Visites d'Evêques qu'ils ont gardés des années entieres, lors qu'il n'y a point eu necessité de prononcer sur le champ, qu'ils ne doivent compte de leurs Visites qu'à Dieu, qu'il n'y a

point encore une fois, d'Édit, de Declaration, d'Ordonnance ni d'Arrêt qui les y oblige; qu'un Evêque
n'écrira point fur le genoüil, comme un Commis
aux Aydes, ou un bas officier de Juftice, un Procés verbal de Vifite, qui feroit un acte tout à fait
inutil, lors qu'il ne feroit point fuivi du reglement
qu'il eft en droit de faire, & qu'il ne fait fouvent
qu'avec fon confeil; Vous foutiendrés toujours cette
nullité, nous l'avons avancée dans notre memoire,
& il ne faut pas nous en dedire.

Une quatriéme nullité fans replique, eft que la
Vifite de notre Relique, s'eft faite à fept heures du
foir, n'y aiant qu'une porte de l'Eglife ouverte du
côté du Cloître, les autres étant toutes fermées.

¶ Quoique les Evêques foient appellés par les Sts.
Peres, des Anges, les Coadjuteurs de Dieu, des
Apôtres, les Vicaires de Jefus-Chrift, & l'image
du Dieu vivant, leur puiffance peut-elle luire aprés
le foleil couché ? Doivent-ils vifiter une Eglife que
tout le peuple n'y foit prefent, & lors que leurs
actions ne font éclairées que d'un foleil couchant?
Monfieur de Chaalons qui n'avoit avec lui que fept
Chanoines de notre Eglife, le Vicaire perpetuel, un
Marguillier & fix ou fept paroiffiens, quoique des
plus confiderables, devoit-il entreprendre de vifiter
notre Relique fur la fin du jour ? y avoit-il dans
quinze ou feize perfonnes des yeux affés éclairés
pour rendre un témoignage certain, de ce qui fe feroit trouvé dans le reliquaire ? je vous laiffe à en ju-

¶ Staniflaus Socolonicus au commancement de fon Traité
de Confecratione Epifcopi. imprimé à Rome en 1602.

ger ; mais si vous trouviés ce nombre de témoins suffisant, nous vous donnons charge expresse de les desavoüer, comme nous avons faits dans nos precedens memoires.

Une cinquiéme nullité, est l'enlevement de notre Relique, ce precieux dépôt, la foy de nos Peres ; Nous savons que de saints Evêques ont enlevé à petit bruit, & suprimé des Reliques qu'ils n'ont pas estimées bien averées: c'étoit le conseil donné par Amolon Archevêque de Lion, à Theobolde Evêque de Langres son Suffragant, qui ne savoit quel party prendre sur une Relique qui étoit respectée à Dijon, & qui lui paroissoit douteuse ; c'est ce qu'a pratiqué saint Charles Boromée dans le cours de ses visites. ¶ Nous ne savons pas à la verité ce qu'ordonnera de notre Relique, Mr. notre Evêque qui s'en dit le dépositaire ; peut-être en serions-nous privés pour jamais, & le feu l'auroit-il impitoiablement devorée, s'il eût agit avec moins de circonspection ; tous les assistans n'aiant trouvés que de la pierre, où ils croioient trouver un nombril d'enfant comme le Pere Rapine leur avoit promis, se regardoient entre eux surpris d'étonnement & acculoient nos peres d'une credulité imbecille. L'ancien Chanoine au sortir de l'Eglise en fit confidence à ses amis ; Mais Mr. de Chaalons peut-il demeurer si long-temps dépositaire de cequi nous appartient ? il semble à la verité que nos Chanoines y aient consenti en lui presentant un vaisseau de l'Eglise plus commode que le reliquaire pour l'emporter & l'examiner à loisir. Il ne faudra point convenir de leur sentiment sur la Relique , ni de leur consentement. Je les avertirai de ne pas s'expliquer si ouvertement une autre fois,& de dissimuler au moins

¶ IV. Conc. p. I. Tit. de Sac. Reliq.

jufques à ce que notre procés foit jugé. Ils n'iront pas le foliciter, de crainte d'être obligés de parler, & nous aurons foin d'y envoier gens qui fauront fe taire. Nous perdons beaucoup à l'indifpofition d'un homme qui a fort bien rempli fon devoir en differentes députations, fes peines font un peu cheres, mais quoi qu'il en coute, nous voulons avoir raifon de notre Relique.

SECONDE PROPOSITION.

IL fembleroit inutil de vouloir écrire fur notre feconde propofition de la poffibilité du S. Nombril aprés ce qu'en a dit l'autheur de notre premier memoire. Pourra t-on refuter les autorités de Saint Auguftin, du Concile d'Ephefe, de S. Jerôme, de Tertulien, de S. Paul dont les fentimens font fi nettement expliqués ? je me trouve cependant obligé de retoucher tout de nouveau cette matiere, parce que nos critiques prétendent que la plûpart de nos citations ne difent rien pour nous, ou font des fentimens particuliers éloignés du dogme de l'Eglife.

Je ne fuis pas Theologien, mais je vous raporterai feulement ces objections, pour que vous nous cherchiés quelqu'ami en Sorbonne qui veuille y répondre. Ils nous opofent S. Ambroife, & S. Auguftin, au même S. Auguftin, *Natus ut homo* : nous dit ce favant Pere de l'Eglife dans un endroit, d'où il femble voir notre Sauveur J. C. naître comme les enfans des hommes avec toutes les fuites de leur naiffance ; mais ils prétendent que ce paffage n'eft point en notre faveur, parce que ce grand Docteur nous fait comprendre une naiffance toute fainte & toute miraculeufe, en comparant comme il fait au

livre 22. de la Cité de Dieu chap. 8. la sortie de
N. S. J. C. du sein de la Ste. Vierge à son entrée
dans le Cenacle, & prétend que ce sont deux verités
également constantes, *non credunt hoc, qui etiam
Dominum Jesum per integra virginalia matris enixum,
& ad discipulos ostiis clausis ingressum fuisse non credunt*, & dans un autre endroit, c'est en son oraison
contre les cinq heresies, *eamque sicut invenit, clau-
sam reliquit.*

¶ Les passages de S. Ambroise qu'ils nous oposent
sont tirés de son traité sur le Simbole des Apôtres,
chap. 12. de son livre, *de institutione Virginis*, où
il explique la naissance miraculeuse de notre Redempteur.

Sur les sentimens de ces deux Peres de l'Eglise ils
veulent conclure que la Conception, & la naissance
ont été surnaturelles, que c'est veritablement un mi-
stere audessus de la portée de nos esprits, & voudroient entraîner nos opinions à croire, que les suittes
communes aux autres enfans, n'ont point eu lieu en
la naissance de notre Seigneur ; Je n'ai pas trouvé cet
Argument invincible, & j'ai eû la memoire presente
pour leur oposer S. Jerôme qui nous dit, *cruentus
egreditur*, & Tertulien, *quomodo avulsus nisi per
nervum umbilicarem*; mais la replique m'a paru plus
forte que l'argument ; Ils m'ont dit que S. Jerôme,
aprés Tertulien sembloit donner à notre Seigneur
une naissance commune & naturelle, mais que la
pensée de Tertulien n'etoit pas d'un grand poids dans
l'Eglise au sentiment même de S. Jerôme qui parlant de lui dans son traité contre l'heretique Hel-
vidius, dit qu'il ne pouvoit dire autre chose de lui,

¶ Voiés plus bas la page 7. E à la marge.

[9]

finon qu'il n'étoit point l'homme de l'Eglife, *de Ter-tuliano quidem nil amplius dico quam Ecclefiæ homi-nem non fuiffe*, qu'à la verité S. Jerôme avoit tenu ce parti, mais que fon fentiment ne pouvoit former une opinion dans l'Eglife, parce qu'un grand nombre de Saints Peres & de grands Docteurs lui font dire-ctement opofés. Je me fuis vû accablé fous le poids des autorités qu'ils m'ont citées, ils m'ont rapellé *a* Proculus Evêque de Conftantinople, *b* S. Ephrem, *c* Jean Damafcene, *d* S. Ambroife & S. Auguftin, aux endroits que j'ai ci-devant cités, *e* S. Leon, *f* S. Gaudence Evêque de Breffe en fon traité, Saint Pierre Chrifologue, S. Fulgence, S. Hilaire Evêque d'Arles, Euchere de Lion, Gennade, le Pape Hor-mifdas dans fa lettre 99. à l'Empereur Juftin, Pe-

a Non perdidit figillum natura virginis Chrifto concepto, & ob id neque eo genito referata eft ut partum in lucem ede-ret, neque verò rupta eft dum gigneret, nam neque rupta erat dum conciperet. *In oratione de Margarita pretiofa.*

b Ille ineffabiliter natus eft qui & claufis januis ingreffus; *oratione prima in Deiparam.*

c Solus eft ineffabili modò conceptus & natus ..... haud virginalem aperuit vulvam virginitatis fignacula inviolata fervans. *In oratione de occurfu.*

d Chriftum nafcendo virginitatis decus neutiquam in ma-terno partu violaffe, *lib. 14. cap. 15.*

e Unicus in nativitate carnali ..... Solus eft enim natus ex virgine quæ nec corruptionem fenfit ex partu, *de fymbolo Apoftolorum, cap* 12. Manfit intemeratum feptum pudoris cum exiret ex virgine. S. Ambrof. *de inftitutione virginis.*

Maria porta claufa quæ & ante partum & poft virgo per-manfit. *in cap. 44. Ezechielis. Auguftinus fupra lib. 22. de Civ. Dei cap. 8. fupra pag. 6.*

f Oportuit enim ut primam genitricis integritatem nafcens incorruptio cuftodiret. *S. Leo.*

lage I. *In confessione fidei* Epit. 14. *ad Childebertum Regem*, Bede, Lupus servatus, S. Anselme, & S Bern.

Ils m'ont ouvert le livre du Pere Peteau intitulé *Dogmata Theologica*, au traité de l'Incarnation Liv. 14. chap. 6. & 7. & j'ai vû toutes ces autorités si claires, que j'ai crû pour un moment, sur tout aprés la prononciation du P. Peteau dont voici les paroles, *Colligamus summam catholici dogmatis ex tot antiquorum testimoniis confectam, quæ eo redigenda est ut Christum in partu sanctæ Mariæ Virginis clauso utero prodiisse dicamus, quemadmodum clausis è sepulcro repagulis exiit*, que notre Seigneur pouvoit avoir tiré sa nourriture dans le sein de sa mere comme les autres enfans; mais que n'étant point né de la même maniere qu'eux, il n'avoit point apporté de vaisseau umbilical, ni les ligamens dont sont envelopez les autres enfans, qui ne sont pas à la verité un peché, mais qui semblent marquer la corruption de l'homme dés l'instant de sa generation.

J'avois pris par écrit toutes ces objections, & je les ai porté à celui qui nous a fait present de sa science, lorsque notre premier memoire a été fait, il m'a dit que toutes ces autorités étoient bonnes, qu'il nous avoit donné ce qu'il savoit, mais que je pouvois répondre un axiôme de Theologie, qu'il ne faut point multiplier les miracles sans necessité, & que nos adversaires les multiplient : je leur en ai depuis fait le reproche; mais ils nous ont accusé de multiplier nous même les miracles; ils m'ont appris qu'en faisant agir humainement la toute puissance divine, on lui faisoit produire autant de miracles qu'on lui faisoit faire d'actions humaines; que le Verbe éternel uni hypostatiquement à l'humanité, étoit un miracle continuel, & qu'il a fallu, pour ainſi parler, reſſerer ſa toute puiſſance, pour agir en hôme, ſouffrir en homme, mourir en homme, comme il a effectivement vécû & ſouffert pour nous les douleurs cuiſantes de ſa paſſion & de ſa mort ; ils m'ont donné l'exemple de la Transfiguration de N. S. & m'ont dit que les Sts. Peres la regardent moins comme un miracle que comme un inſtant dans lequel notre Seigneur a ceſſé d'en faire pour paroître aux Apô- tre choiſis tel qu'il étoit. Cela m'a paru ſi ſavant & ſi ſubtil, que j'ai promis de bonne foy de ne jamais parler Theologie ; Il a fallu encore les écouter, & aprés avoir tiré de moi l'aveu qu'ils demandoient, que notre Seigneur étoit ſorti du ſein de la Ste. Vierge par penetration, ils m'ont dit qu'il falloit diſtinguer dans le corps de N. S. J. C. les parties eſſentielles & integrantes unies hypoſtatiquement au Verbe ſa- cré, comme les pieds, la tête & toutes les autres parties qui compoſent un corps parfait, d'avec les parties étrangeres, inutilles & excrementeuſes telles que la tunique & les membrânes qui envelopent l'en- fant au moment de ſa naiſſance ; que les premieres avoient dés l'inſtant de la Conception de notre Sau- veur & Redempteur J. C. les qualités des corps g'orieux, & pouvoient par conſéquent ſelon la vo- lonté de l'homme Dieu, entrer & ſortir par pene- tration ; mais que les autres parties étrangeres, in- utilles & excrementeuſes ſembloient n'avoir point participé à cette qualité de corps glorieux ; que c'é- toit le ſentiment des Docteurs, qu'ainſi il ne falloit point être ſurpris, ſi notre Seigneur n'avoit point apporté au moment de ſa naiſſance miraculeuſe, le Nombril & les membrânes qui lui avoient ſervi dans le sein de sa Ste. Mere, ces parties étant de la nature de celles qui doivent perir, & qui sont en effet peries de la même maniere qu'elles avoient été formées; qu'il ne faut point encore une fois multiplier les miracles pour conserver ce que Dieu semble avoir méprisé, & dont l'Eglise n'a fait aucune mention; Ils m'ont fait remarquer que les canons du Concile d'Ephese, & S. Paul que nous avons cité en nous aprenant que le Verbe fait chair avoit été nourri dans le sein d'une Vierge, ne nous avoit point dit qu'on lui ait retranché aprés sa naissance le vaisseau umbilical qu'on coupe aux autres enfans, ni qu'il l'ait apporté en naissant; Ils m'ont assûré avec l'Abbé Guibert & Mr. Thiers, que dans tout le monde chrétien depuis la naissance de notre Seigneur pas un Pere, pas un Docteur de l'Eglise, pas un Autheur Hebreux, Grec ni Latin n'a parlé de notre Reliques qu'elle porte avec elle quelque chose d'extraordinaire & de quoi offencer les foibles : qu'on voit à la verité des Autheurs anciens qui ont parlé du Prepuce de notre Seigneur qu'il a offert en la Circoncision, comme la premiere goutte de Sang qu'il a versée pour nous, mais pas un du Nombril; que le Docteur Cassian duquel nous nous faisons fort ne dit point qu'il y ait à Calcata aucune partie du Nombril, mais seulement une partie du Prepuce, ce qui est fort douteux, le Pape Paul V. qui étoit un grand homme aiant refusé d'accorder les Indulgences que demandoit une Princesses des Ursins pour ceux qui visiteroient cette Relique, quoy qu'on l'assurat d'un miracle nouvellement arrivé : c'est le même Cassian qui nous rapporte cette particularité, & qu'ainsi de toute maniere il falloit loüer Mr. notre Evêque d'avoir détruit un culte faux, superflu & qui approchoit de la superstition ; je n'ai pû tenir sur cet article, & leur ai protesté que je croirois éternellement à notre Relique, qu'elle étoit certaine, puis que nous la possedions, comme j'ai promis d'en rapporter les preuves.

TROISIE'ME PROPOSITION.

JE soûtiens, Monsieur, qu'on ne peut douter de notre possession, que nous en avons des preuves de tous les tems, & qu'il faut être aveugle d'esprit pour n'en pas convenir. Vous voyés en lisant le P. Rapine & l'Autheur de notre remontrance qui en est une copie fidelle, que nous n'avons point à la verité pour nous de Peres de l'Eglise, de Concils, ni ce qui s'appelle en bonne Theologie tradition divine, tradition apostolique, ni tradition Ecclesiastique, mais n'avons-nous pas une Ste. du 14. siècle née Princesse de Nericie, qui dans ses revelations nous dit que la Ste. Vierge conserva le St. Prepuce de son cher Fils ; si le St. Prepuce a été conservé, pour quoi pas le St. Nombril ? qu'elle plus grande difficulté de conserver l'un que l'autre ? loin de rien diminuer de la créance qu'on doit à cette Ste., il faut au contraire aider au Pere Rapine, & soutenir avec lui que le S. Nombril a été pareillement conservé, & qu'il est venu jusques à nous.

Si l'on vous fait la difficulté de vous demander par qui ? par Guy ou Guido 56. Evêque de Chaalons, que vous ferez avec le P. Rapine, & l'Autheur de notre I. Memoire petit neveu d'un Roy de Jerusalem, si l'on vous demande le temps auquel il nous a fait ce present, ce sera quand il vous plaira : nous n'en avons rien d'écrit, cet Evêque a été sacré en 1164. & est mort en 1190. & le P. Rapine nous dit qu'il y avoit de son tems un manuscrit en l'abaye de St. Pierre, qui portoit que ce Prelat avoit beny en 1185 l'Eglise de Notre-Dame, ainsi il faudra mieux prendre cette datte qu'une autre ; Bien des Paroissiens, & Mrs. nos Chanoines voudroient qu'on ne fit pas la chose si ancienne, parce que le S. Nombril n'a été divisé selon le témoignage du Docteur Cassian. Robert Hemart & le P. Rapine qu'en 1310. par le Pape Clement 5. & si l'on remarquoit la contradiction on se moqueroit de nous : tous les anciens veullent qu'on s'en tienne à la remontrance, & à ce qu'en dit le P. Rapine qui nous le fait venir comme un present fait par Clement V. à Pierre de Latilly Chancelier de France, lequel étoit notre Evêque en 1312. A la verité il n'y a gueres d'apparence que cet Evêque nous ait fait ce present, car outre qu'il n'étoit pas des plus devots aiant été soupçonné de la mort de Philippes le Bel & ensuitte dégradé. ¶ c'est qu'on ne trouve dans nos Archives aucun Acte qui en fasse mention, quoi qu'il s'en trouve de beaucoup plus anciens, & bien moins considerables; si vous voulés soutenir que c'est lui qui nous a fait ce present, gardés-vous bien de tomber dans la faute du Pere Rapine, qui place la Dedicace de notre Eglise sous l'Episcopat de Pierre de Latilly ; cette Dedicace est bien plus ancienne, & il y en auroit preuve contre nous, mais servés-vous du terme de Reconciliation. l'Autheur du premier memoire l'a bien trouvé, puis qu'on ne peut nier qu'il n'y ait eu des contestations fort considerables entre Jean de Chateau-Vilain son

¶ Livre des annalles de Chaalons, page 351.

Predeces-

Predecesseur immediat, & le Chapitre.

Je ne prétend point, non plus que mes confreres, vous prescrire la maniere de nous défendre ; vous êtes plus éclairé que nous : vous vous servirés de tels moyens qu'il vous plaira ; vous remarquerés seulement que nous tenons notre Relique de bon lieu, soit de Guy, soit de Latilly ; Nous avons des Titres pour l'un & pour l'autre, vous en ferés le choix ; mais nous ne saurions dissimuler que le P. Rapine & l'Autheur de notre premier Memoire, ayant écrit aussi diversement, nous jettent dans un grand embaras & qu'il faudra en sacrifier l'un ou l'autre, lorsque vous vous ferés déterminé.

N'oubliés pas notre longue possession qui vaut un titre ; a-t-on jamais vû une erreur durer aussi longtems ? on a pû voir des superstitions durer quelquessiécles, des saintes Larmes, des figures de Loup sur des Autels que de Sts. Evêques ont détruit de nos jours ; on a vû St. Martin détruire un Autel consacré sous l'invocation d'un homme qu'on a crû martyr & qui n'étoit qu'un voleur mis à mort pour ses crimes ; on a vû S. Charles dans le cours de ses visites emporter des Reliques respectées par les peuples de la Ville de Liano sur la riviere de Garde & les suprimer : mais notre Relique ne se trouve-t-elle pas confirmée par les visites qu'en ont fait vingt-trois Evêques successeurs de Pierre de Latilly ? nous n'avons point à la verité de preuve de ces visites, sinon de celle de Charles de Poitiers, & Mr. de Chaalons nous dit que ce n'est que depuis vingt-cinq ans, que le Chapitre ne s'est plus opposé aux visites des Evêques dans l'Eglise Notre-Dame ; mais n'avons-nous pas d'ailleurs des preuves & des titres sans contredit ; que nous opposera-t-on au té-

moignage de Robert Haimard de Limoge quoi qu'il
soit unique, un témoing de sa qualité, bon Gentil-
homme, (quoi qu'en disent ses ennemis,) Bachelier ès
loix, Domestique d'un Cardinal ? Ne doit-il pas être
crû, sur tout si on le joint à un Marguillier distin-
gué par son esprit, par son merite, & par la charge qu'il remplit avec dignité dans le Pays, qui a aujourd'huy découvert par une espece de miracle entre les mains de Monsr. de Chaalons les pellicules
du S. Nombril ? Le P. Rapine l'avoit bien dit, après
le Roy Prophete que cette parcelle ne tomberoit jamais en pourriture ; ¶ Il est vrai qu'il s'est pareillement trouvé de la poudre, mais ce sont le baume,
les aromates, ou la matiere dont on avoit envelopé
cette pellicule qui se sont ainsi pulverisées : N'a-t'on
pas graté la terre des tombeaux des Sts. Martyrs
Gervais & Protais ? N'a t'on pas mélé leur sang avec
du plâtre ? Ne voit-t'on pas dans un livre du nom
duquel l'Autheur de notre Memoire ne se souvient
pas, & qui pouroit bien être les antiquités de la
Chapelle du Roy, qu'on a ainsi grossi le volume des
Reliques qu'on a voulu distribuer à un plus grand
nombre de fidels pour contenter leur pieté ?

J'ai commencé par vous expliquer les titres qui
prouvent notre possession, ils ne sont à la verité
que de quatre siecles en y comprenant le livre des
Rits de 1322. quoi qu'il y en ait dix - sept que le
St. Nombril subsiste : mais vous savés ce qu'en ont
dit le P. Rapine & l'autheur de notre Memoire ;
Cette Relique vient de Charlemagne, ou du Roy
de Jerusalem, choisissés duquel des deux, la chose est
également claire pour nous : il est vrai que dans . .
nombre des Reliques données à Charlemagne . . .

¶ Au Sermon de la verité de la Relique, page 396.

l'Empereur de Conſtantinople, on trouve ſeulement une partie de la Couronne d'épines de N. Seigneur, un de ſes Clouds, un grand morceau de ſa Croix, un Suaire, une de ſes Bandes, une Chemiſe de la Ste. Vierge, & un des bras de St. Simeon, ſans qu'il ſoit parlé du S. Nombril: Vincent de Bauvais, St. Antonin, Pierre de Natalibus, & le Cardinal Baronius cités par le P. Rapine, n'en diſent pas un mot; mais ne ſe pourroit il pas dire qu'on auroit omis de le comprendre dans le catalogue? ſi vous ne voulés pas vous ſervir de cet expedient, qu'elle difficulté ferés-vous de croire que cette Relique nous vienne d'un Roy de Jeruſalem? pouvoit-il faire un preſent plus conſiderable à un Evêque de ſa famille? ce ſont la des raiſons auſquelles je vous prie de faire attention: Il ne faut point ſe railler de nous, & dire que nous avons recours aux Anges pour nous faire aporter des Reliques, nous avons pour garents de tout ce que nous avançons un Gardien de Recolets, & le Docteur Caſſian qui vivoient dans le dernier ſiécle, Mr. Thiers fait l'éloge du Docteur dans le Chap. 5. de ſon traité des ſuperſtitions, page 420. les curieux auront du plaiſir à voir tout ce qu'en dit de bien ce ſavant Homme.

On ne prendra pas garde en parlant de Charle-magne qui regnoit en 768. & Godefroy de Boüillon qui vivoit en 1100. que nous ne remontons que de trois ſiécles au plus; vous nommerés dans le fort de la déclamation, le ſuperbe Aaron Roy de Perſe, & les noms d'auſſi grands Princes étourdiront vos auditeurs, & les convainqueront abſolument: ſi l'on vous pouſſoit plus loin vous retournerés au P.

Rapine, & à Coſter Jeſuitte qui s'éloigne du ſentiment de tous ſes freres. Ils vous diront de quelle
maniere le S. Prepuce a été conſervé, & vous en
tirerés la conſequence pour le S. Nombril. Vous
les ferés paſſer ſuivant l'avis qu'ils nous en donnent
de la Ste. Vierge, à S. Jean; de S. Jean à Conſtantinople, de Conſtantinople, ou d'un Roy
de Perſe à Charlemagne, & de lui au Pape Leon
III. & enfin à nous par Clement V..

Sont-ce la des imaginations ou des réalités? que
diront nos Critiques? leur incrédulité ne ſera-t'elle
pas forcée, & ne nous rendront-t'ils pas des gra-
ces éternelles de leur avoir ôté le bandeau de deſ-
ſus les yeux pour leur faire connoître la vérité? Je
m'en rapporte à preſent à leur bonne foi. Dira-t-
on que nous plaidons pour plaider? & ſi nous ne
trouvons pas pour nous toute la Ville & tout ce
ce qu'il y a de gens ſtudieux & de pieté, n'y au-
ra-t-il pas lieu de les accuſer d'aveuglement volon-
taire & d'inſenſibilité pour les choſes de leur ſalut?

Je finis, Monſieur, en vous priant de ne point
parler du Procés verbal de Charles de Poitiers;
Nous avons indiſcrettement avancé qu'il avoit vû
notre Relique, il n'y a plus moien de s'en dédire;
Il a donc vû un nombril, car il ne fait point mention d'avoir vû autre choſe, ce qu'il n'eût pas man-
qué de faire s'il eût été frappé d'un autre objet,
& nous ne trouvons aujourd'huy que de la poudre
& de la pierre; vous voiés de quelle conſequence
il eſt de ne point toucher cette corde : on nous
accuſeroit peut-être d'avoir violé la foi du dépôt
qui nous a été confié, par la complaiſance que
nous avons eu de ſouffrir toutes les clefs de nos

tre Trefor entre les mains d'une même perfonne;
car il n'eft pas croiable que ce qui s'étoit confervé
en nature de nombril jufqu'au XIV. fiécle, fe foit
depuis ce tems converti & changé en pierre ;
Peut-être auffi nous accuferoit-on de quelque pro-
fanation, ou de quelque grand crime, dont Dieu
nous auroit puni par la privation d'une Relique
auffi miraculeufe : nous nous remettons de tout à
votre prudence ; ma's fur tout ne croiés pas, comme
le dit hautement l'Auteur de notre Memoire, que
nous foions affés fots pour expofer nos biens &
notre liberté, encore moins notre vie, pour la dé-
fence de notre Relique ; nous en avons d'autres
dans la Paroiffe & dans la Ville, où vous favés
que ce fait la fameufe Proceffion des Chaffes ;
Ce font figures de Retorique que vous pourrés
encore étendre; mais bien entendu, entre nous,
qu'il n'en fera rien, & que nous ferions trés fâ-
chés qu'il nous en arrivât le moindre petit cha-
grin. Je fuis,

A CHAALONS,

Chez E D M E S E N E U Z E, Marchand
Lib. & Imprimeur, proche
le Pont de Nau.

Avec Permiffion.

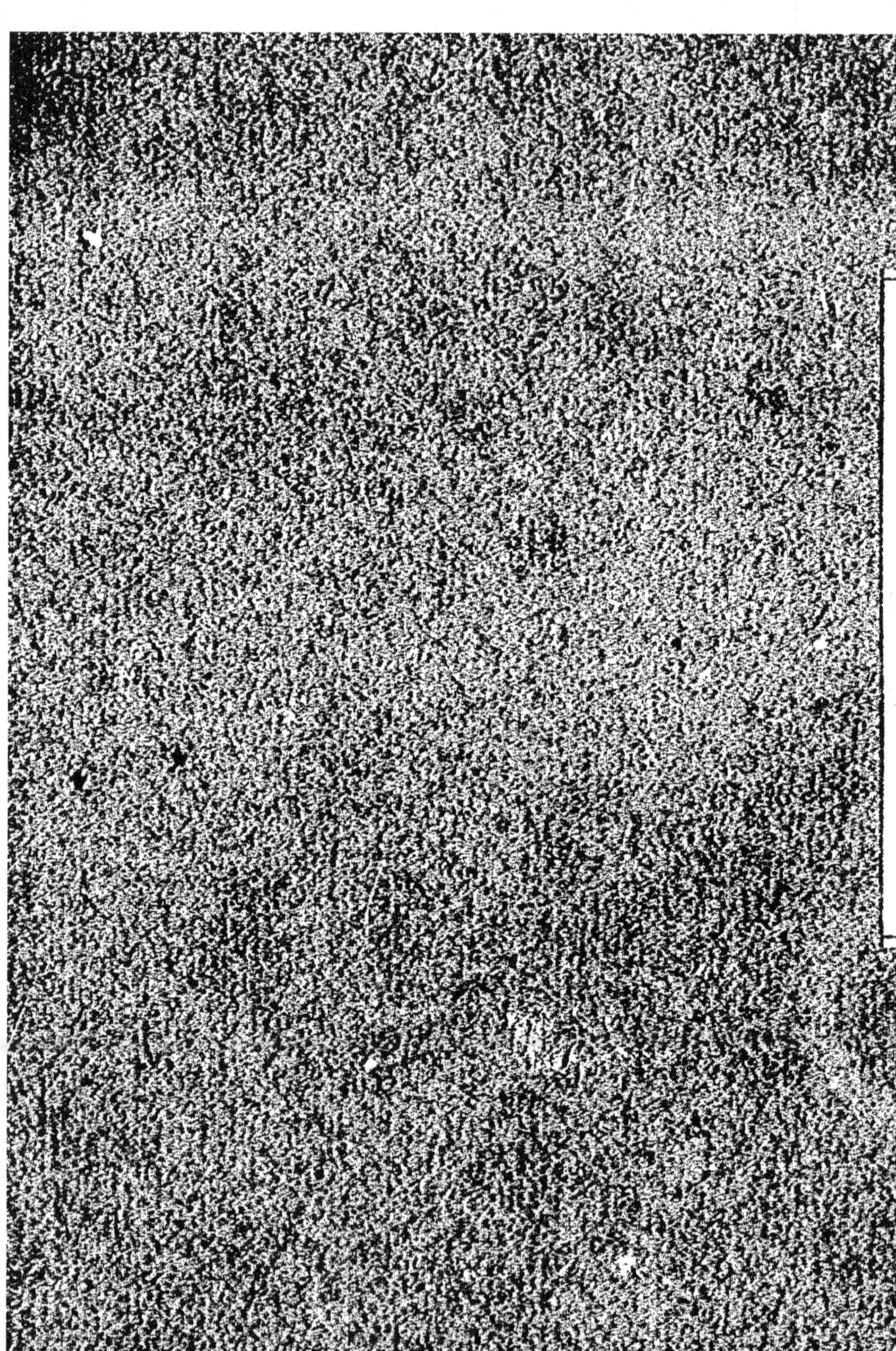